Par osmose

LES DRAVEURS

PAR OSMOSE

Théâtre
Création collective

Éditions Prise de parole
Sudbury 2008

Catalogage avant publication de Bibliothèque et Archives Canada
Par osmose : création collective / de la troupe de théâtre Les Draveurs. — 2e éd.

Comprend du texte en anglais.
Sous la direction d'Hélène Dallaire et Hélène Gravel.
Pièce de théâtre.
ISBN 978-2-89423-231-6

I. Dallaire, Hélène II. Gravel, Hélène, 1947- III. Draveurs (Troupe de théâtre)

PS8550.P365 2008   jC842'.54   C2008-907646-X

Distribution au Québec: Diffusion Prologue • 1650, boul. Lionel-Bertrand
• Boisbriand (QC) J7H 1N7 • 450-434-0306

Ancrées dans le Nouvel-Ontario, les Éditions Prise de parole
appuient les auteurs et les créateurs
d'expression et de culture françaises au
Canada, en privilégiant des œuvres de
facture contemporaine.
La maison d'édition remercie le Conseil
des Arts de l'Ontario, le Conseil des Arts du Canada, le Patrimoine
canadien (Programme d'appui aux langues officielles et Programme
d'aide au développement de l'industrie de l'édition) et la Ville du
Grand Sudbury de leur appui financier.

Œuvre en couverture et conception de la page de couverture:
Olivier Lasser

Éditions Prise de parole
C.P. 550, Sudbury (Ontario) Canada P3E 4R2
http://pdp.recf.ca
Sauf pour les chansons « La tête anglaise le cœur français » et
« Mommy, Daddy », reproduits avec permission.

ISBN 978-2-89423-231-6

La création collective *Par osmose* a été créée et présentée par les Draveurs, la troupe de l'école secondaire Macdonald-Cartier de Sudbury, durant l'année scolaire 1987-1988.

Distribution

Margot, chœur	Anik Thibaudeau
Christine, Stacey, soliste, chœur	Natalie Dodson
Suzanne, fleuriste, chœur	Mélanie Doyon
Jules, chœur	Yves Doyon
Chuck, chœur	Craig Holzschuh
Aurèle, chœur	Patrick Laforest
Véronique, chœur	Jacqueline Savoie
Chœur	Martin Laforest
	Josée Lebel
	Manon St-Jules
	Anik Tellier
Mise en scène	Hélène Dallaire
	Hélène Gravel
Assistance à la mise en scène	Daniel Grenier
Direction technique	Diane Gervais
Régie	Nicole Fraboni
Éclairages	Joey Bray
Son et musique	Jules Ducharme (musicien)
	Rachel Henry
Conception du décor	Diane Gervais
	B. Raymond
Décors, costumes et maquillage	Robert Barette
	Martin Laforest
	Josée Lebel
	Manon St-Jules
	Anik Tellier

Scène 1

En se servant de la chanson « La tête anglaise, le cœur français[1] » comme outil principal, il s'agit d'établir, par un jeu de scène, le tiraillement que vit le personnage de Stacey.

CHŒUR
Stacey.

STACEY
perdue sur une mer vaste et profonde
c'est pas qu'il manque de côtes pour atterrir
mais me voici encore entre deux mondes
je me demande comment…

CHŒUR
on peut choisir?

STACEY
car j'ai la tête anglaise j'ai le cœur français
prise au milieu entre les deux je voyage sans fin
j'ai la tête anglaise j'ai le cœur français
l'âme en conflit toute ma vie me voilà triste…

---

[1] « La tête anglaise, le cœur français » © Marie-Lynn Hammond, 1984. Le texte, adapté pour la pièce, comprend des modifications mineures et la dernière strophe en a été retranchée.

CHŒUR

triste…

STACEY

au clair de la lune mon ami Pierrot
grand-mère me chantait des anciennes berceuses
papa, lui, il écoutait sans comprendre un seul mot
pourtant la vie me semblait bien heureuse

CHŒUR

mais j'ai la tête anglaise j'ai le cœur français
prise au milieu entre les deux je voyage sans fin
j'ai la tête anglaise j'ai le cœur français
l'âme en conflit toute ma vie me voilà triste…

STACEY

triste…

STACEY

me voilà triste… triste…

SCÈNE 2

Retour en arrière effectué au moyen du poème de Jean Marc Dalpé, « L'histoire, la nôtre[2] ». Le poème peut être interprété en chœur ou avec les deux personages principaux, Véronique et Jules.

JULES ET VÉRONIQUE
L'histoire, la nôtre.

Au début du siècle, même un peu avant
Y débarquent du train parti de Trois-Rivières, de Montréal,
du Lac St-Jean, de Québec ou de Gaspé
Y débarquent sans un sou
quelques mots d'anglais en poche
pis la mémoire des fêtes de famille
sur la terre paternelle en tête
Ramassent casques durs, chandelles, boussoles, pics, pelles
et se retrouvent bientôt
à quelques centaines de pieds sous terre
dans un monde sans jour
un monde de nuit et de sueur

---

[2] « L'histoire, la nôtre » de Jean Marc Dalpé, *Gens d'ici*, Éditions Prise de parole, 1983, p. 58.

[...]
Au début du siècle, même un peu avant
quand y débarquent du train
y'ont des visages comme un champ au temps de la
récolte
Après quelque temps à mine
toujours sans un sou
quelques mots d'anglais de plus en poche
pis la mémoire des fêtes de famille de leur jeunesse
qui s'efface tranquillement

SCÈNE 3

La noce : cette scène mime le mariage de Margot et Aurèle à la fin des années 1960, avant leur départ pour l'Ontario. La scène est typique des mariages granola de ces années, clichés et photos traditionnels. Excellente occasion d'ajouter de l'humour au texte.

Scène 4

À partir du poème de Jean Marc Dalpé, « Trains modernes[3] », il s'agit de créer une scène qui aide le spectateur à visualiser le trajet en train de Montréal à Sudbury. Il est important de faire ressortir les sentiments qui animent ces personages et leur première impression de Sudbury.

RESPONSABLE DU GUICHET
Chemin de fer   deux lignes d'acier

Départ : Montréal, Ottawa, North Bay, Sudbury.
Quai numéro 2.

CHŒUR
comme un sillon de labour
à travers champs
à travers forêts
au-dessus des rivières
au-dessus des torrents
roulant d'un coin à l'autre du pays
de villes en villages
chapelet de chez nous

---

[3] « Trains modernes », de Jean Marc Dalpé, *Gens d'ici*, Éditions Prise de parole, 1983, p. 63-64.

roulant au rythme d'une gigue
au bord de la 17 à un clin d'œil de l'Outaouais
à côté de la 11 entre deux épinettes noires

Le train roule   le train crie

Cri d'appel à sauter les frontières
à voir de l'autre côté de la rivière

Le train roule   le pays passe

On part dans l'Est
passant par Chute-à-Blondeau, Vankleek Hill,
Hawkesbury, qu'on reconnaît de loin
à cause des silos de la C.I.P.
passe par Alexandria, Casselman, Vars, Embrun
entre chacun
champs de foin, champs de blé d'inde et fromageries
Gare Centrale : Ottawa […]

On monte vers le Nord

Pembroke, Deep River, la belle Mattawa
et North Bay
Rendu là, on r'vire à l'Ouest
vers Sturgeon Falls, Verner, Cache Bay
Arrive à Sudbury

      AURÈLE ET MARGOT
et les collines noires sans arbres, sans vie
de l'Inco et de la Falconbridge

CHŒUR
Welcome to Sudbury!

PORTEUR
May I take your luggage ma'am?

MARGOT
Que c'est qu'il dit lui?

AURÈLE
No, thank you very much, c'est correct.

Scène 5

Margot, quelques années plus tard dans sa cuisine à Sudbury. La radio l'accompagne d'une chanson.

MARGOT

Coudon', c'est en anglais cette affaire-là! Eh que j'haïs ça quand ils me jouent de la musique anglaise au poste français…

Le téléphone sonne.

Oui allô… Ah, Aurèle… Oui… À soir?! Tu sais que j'haïs ça quand tu me fais ça, hein? Oui bon, je commanderai. Salut!

Ayant appris que son mari a invité quelques amis pour souper, elle doit commander des mets chinois et trouve cela très embêtant puisque le menu est en anglais. Elle s'affaire à nettoyer, à préparer quelques hors-d'œuvre; elle a un gâteau au four qu'elle pense servir pour dessert. Embourbée, frustrée, elle se dépêche d'en finir avant l'arrivée de ses enfants, de son mari. Tout est mimé.

Entrée de Véronique, sa fille de sept ans.

VÉRONIQUE

C'est-tu la fête à quelqu'un?

MARGOT

Non, c'est pas la fête à personne.

VÉRONIQUE

C'est pour qui le gâteau?

MARGOT

On reçoit de la visite à soir.

VÉRONIQUE

Qui?

MARGOT

Des amis de travail à ton père. Pis à part de ça, ils sont anglais.

VÉRONIQUE

So?

MARGOT

Véronique, va jouer OK? Tu ne comprends pas quand même.

VÉRONIQUE

J'ai faim. Que c'est qu'on va manger pour souper, mom?

MARGOT

Vous autres? Je vais réchauffer le pâté chinois d'hier soir.

VÉRONIQUE
Yuk! Pis vous autres?

MARGOT
Ton père veut que je commande des mets chinois.

VÉRONIQUE
Ah ben, ça c'est pas *fair!* Vous autres, vous avez du vrai chinois, pis nous autres on a du pâté chinois… réchauffé.

MARGOT
Véronique, commence pas à m'énerver, OK! J'ai déjà assez de misère à «défricher» le saudit menu du restaurant… C'est tout en anglais cette affaire-là!

VÉRONIQUE
Ça devrait être en chinois, hein mom?

MARGOT
Pour moi, c'est toute la même chose!

VÉRONIQUE
Veux-tu que moi «j'ordre»?

MARGOT
Non, laisse faire, ton père va arriver là.

VÉRONIQUE
J'suis capable, tu sais. Écoute: *Hi, my name is Ronnie. I'm seven years old. I live at ten sixty Notre-Dame.*

MARGOT
Véronique, disparais tout de suite!

VÉRONIQUE
J'essayais juste de t'aider, tu sais.

MARGOT
Bon, d'accord. Commande si ça te plaît!

VÉRONIQUE
OK. Quoi que «j'ordre»? *Chicken chow mein, won ton soup, chop suey, egg foo young?*

MARGOT
Véronique!!!

VÉRONIQUE
Dinner for one, dinner for two, dinner for three…

MARGOT
Dîner pour six et une double ration d'*egg rolls,* ça va être en masse.

VÉRONIQUE
OK.

Véronique s'éloigne, sa mère l'arrête.

MARGOT
Véronique, où c'est que tu t'en vas?

VÉRONIQUE
Je m'en vais appeler dans le salon.

MARGOT

Pour quoi faire? Le téléphone est juste là!

VÉRONIQUE

Parce que… il y a moins de bruit, pis *Polka Dot Door* va commencer, pis je veux pas le manquer.

MARGOT

Bon, d'accord. Moi, je m'en vais me changer.

Scène 6

Dans le salon.

Véronique
Allô! *China Clipper Man? I want to have a dinner for six and two times the egg rolls… Ahan… Ten sixty Notre-Dame. Ahan… Five six six… six one three O. By the way, do you got cheeseburgers and french fries and shakes?*

Margot
Voix off
Véronique!

Véronique
Quoi?

Margot
Fais-le livrer pour six heures.

Véronique
OK. *Six o'clock. Thank you. Bye!*

Elle raccroche et s'installe pour regarder son émission de télévision. Elle fredonne en même temps que le téléviseur la chanson thème de «Polka Dot Door». Jules, le frère aîné de Véronique, fait son entrée.

20

JULES

Maman, maman, j'ai faim! Peux-tu me faire un sandwich?

MARGOT

Voix off

Jules…

À Véronique, qui a volé sa place habituelle:

JULES

Hé! c'est mon *spot*, ça! J'ai faim…

VÉRONIQUE

Il y a du pâté chinois dans le *fridge, and it's just for you.*

JULES

Yak!... Que c'est que tu regardes?

VÉRONIQUE

Polka Dot Door!

JULES

Ça n'te tente pas d'écouter *Passe-partout*?

VÉRONIQUE

Double yuk.

JULES

C'est bien meilleur que *Polka Dot Door.*

VÉRONIQUE

No way!

JULES

Yes way! Pis, à part de ça, moi, j'suis plus grand que toi, ça fait que si je veux changer le poste, là, je vais le changer.

VÉRONIQUE

Non, parce que moi j'étais icitte *first, so* on regarde mon *show!*

JULES
En changeant de poste :
Too bad, so sad.

VÉRONIQUE

Mom !!!

MARGOT
Voix off

Jules !

Il frappe sa sœur, qui se met à pleurer; pour la faire taire et camoufler sa peur, il se met à chanter une chanson tirée de l'émission «Polka Dot Door». Véronique se laisse prendre au jeu et vient le rejoindre dans sa danse autour du salon. Voyant sa sœur occupée à danser et à courir, Jules tente d'ouvrir le téléviseur mais la fillette, qui arrive derrière lui, surprend son geste.

VÉRONIQUE

Jules !

Jules lui montre le poing.

VÉRONIQUE
Je vais le dire à mom.

Après réflexion.

JULES
Véronique, j'ai faim. On va-tu voler quelque chose dans la cuisine?

VÉRONIQUE
Oh yeah, comme hier!

Elle s'éloigne mais s'arrête net quand elle se rend compte que Jules ne la suit pas.

VÉRONIQUE
Tu n'viens pas?

JULES
Non, non, vas-y toute seule.

VÉRONIQUE
No way…

JULES
Tu sais, Véronique… t'es bien meilleure que moi pour faire des choses comme ça. T'es bien, bien, bien, bien, bien, bien meilleure que moi pour faire des choses comme ça. Pis à part de ça, si on y allait tous les deux, on ferait bien trop de bruit, pis… on se ferait poigner.

VÉRONIQUE
OK. Then I'll go.

Elle sort. Aussitôt, Jules tente à nouveau d'ouvrir le téléviseur, mais Véronique est déjà revenue.

VÉRONIQUE
Jules! Mom est dans la cuisine, je peux pas même rentrer.

JULES
Ben essaye encore.

VÉRONIQUE
Non, *it's your turn.*

JULES
Écoute, je pense que ça sonne à la porte d'en avant.

VÉRONIQUE
Mon *cheeseburger*!

Elle sort. Pendant ce temps, Jules en profite pour regarder son émission. À peine quelques secondes se sont écoulées que Véronique revient; Jules s'empresse de fermer le téléviseur.

Jules, le chinois, il était pas même là. Il y avait personne à la porte, *but…*

Elle lui montre un sac de biscuits qu'elle a volé dans la cuisine.

T'en veux-tu un?

JULES
Oui… euh… non, j'aime mieux les *chocolate chips.* Va dans la cuisine en chercher.

VÉRONIQUE

Il n'y a plus de *chocolate chips.*

JULES

Je pense que ça sonne à la porte d'en avant encore.

VÉRONIQUE

Je pense que t'es mieux de te laver les oreilles parce que moi, j'ai rien entendu.

JULES

Oui, oui, écoute bien.

VÉRONIQUE

Ben d'abord, toi vas répondre. Moi, je regarde mon *show.* Hein! Pourquoi t'as fermé la TV?

Elle l'ouvre.

YOU CHEAT!

JULES

Gros bébé!

VÉRONIQUE

Nerd!

JULES

Épaisse!

VÉRONIQUE

Jerk!

JULES

Stupide!

VÉRONIQUE
Hamster brain! Hamster brain! Hamster brain!

JULES
Si tu n'te fermes pas, je vais te battre!

VÉRONIQUE
Go ahead, make my day!

Jules et Véronique roulent, en se bagarrant, sur le tapis du salon. À cet instant, le père fait son entrée.

AURÈLE
Que c'est qui se passe icitte?

VÉRONIQUE
Nothing!

AURÈLE
Vous allez m'arrêter ce chamaillage-là. Hé! debout, debout! Où c'est qu'elle est votre mère?

MARGOT
Je suis icitte, là!

AURÈLE
Veux-tu bien me dire ce qui se passe icitte? Ça se bat comme des chats pis des chiens.
Aux enfants:
Vous deux, dans vos chambres!

VÉRONIQUE ET JULES
C'est lui/elle qui a commencé.

MARGOT

Interrompant :

Tout de suite ! Pas de tataouinage !

Scène 7

De retour dans la cuisine.

AURÈLE
Coudonc, Margot, sais-tu quelle heure il est?

MARGOT
Bien sûr que je sais quelle heure il est!

AURÈLE
Les invités vont arriver bientôt, pis t'es même pas habillée. Je te dis que tu vas avoir l'air fine!

MARGOT
Pousse, mais pousse égal! Tu sauras que je n'ai pas arrêté de la journée : le déjeuner, le dîner, le souper, les enfants qui se chamaillent, mon gâteau… Mon gâteau!

AURÈLE
C'est pourtant pas si compliqué de commander à souper; c'est pas comme si je t'avais demandé de le préparer toi-même.

MARGOT
Ça aurait été sûrement plus facile de le préparer moi-même, ce souper-là, OK?

AURÈLE
Ah ben, là, là, je n'comprends vraiment plus rien.

MARGOT
Avec tout l'énervement, et pis toi qui m'appelles à la dernière minute pour me laisser savoir qu'on a de la visite pour souper, pis le saudit menu qui est tout en anglais, pis à part de ça, j'avais peur de ne pas me faire comprendre.

AURÈLE
T'avais rien qu'à demander aux enfants. Véronique, elle se débrouille bien en anglais, elle.

MARGOT
Justement, mon enfant de sept ans se débrouille mieux en anglais que moi. Là, elle trouve ça drôle, mais quand elle va avoir quinze ans… quand elle va avoir quinze ans, elle va trouver sa mère niaiseuse parce qu'elle ne sait pas parler un traître mot d'anglais!

AURÈLE
Voyons don', faut pas que tu prennes ça de même.

MARGOT

Comment veux-tu que je le prenne? Je n'peux pas
aller au cinema parce que c'est en anglais, je n'peux
pas lire le journal parce que c'est en anglais, je
n'peux pas me faire comprendre par mon médecin
parce qu'il parle rien qu'en anglais, je n'peux même
pas regarder la télévision avec ma propre fille parce
qu'elle regarde la télévision rien qu'en anglais... Pis à
soir, on va recevoir de la visite, ta visite, qui va parler
en anglais à ma table, dans ma maison!

AURÈLE

Écoute, faut tout de même que tu acceptes le fait
qu'on est en Ontario maintenant, qu'on n'est plus au
Québec...

MARGOT

Tu n'comprendras don' jamais!

Elle sort.

AURÈLE

Ben voyons, Margot!

Seul sur scène:

En tout cas, mes enfants, ils auront pas ce problème-
là; ils vont le savoir l'anglais, OK?

Scène 8

Cette scène se passe à l'école. Jules et Véronique sont maintenant au secondaire. Véronique parle avec ses amies Christine et Suzanne tandis que Jules s'entretient avec ses amis Luc et Chuck tout en écoutant son baladeur. Il faut créer par des sons, de la musique, du mime, le contexte scolaire pour bien situer l'auditoire. Cette scène peut être présentée en une série de flashes ou de tableaux.

Véronique
Hi, Chris!

Christine
Hi, Ronnie! Hi, Sue! So how's it going?

Véronique
Pas trop pire... As-tu été à la *basketball game* finalement hier?

Christine
Oui, pis ton frère n'était même pas là!

VÉRONIQUE
C'est toujours bien pas de ma faute s'il a changé d'idée à la dernière minute. *This boy is weird sometimes, OK?* As-tu vu qui était là, par exemple?

CHRISTINE
Seulement à peu près trois cents personnes, c'est tout.

VÉRONIQUE
Sérieusement? As-tu vu le grand rouge, numéro 37, je pense qu'il joue le centre...

Charles entre en scène.

CHRISTINE ET SUZANNE
Chuck!

VÉRONIQUE
Il est-tu pas mangeable...

SUZANNE
Oh, oh! *Here she goes again!*

VÉRONIQUE
Well, can you blame me?

CHRISTINE
Bien moi là, c'est ton frère qui m'intéresse.

VÉRONIQUE
Ouain... Ça fait rien que depuis le mois de septembre qu'elle a un *kick* sur Jules.

CHRISTINE

Ça fait rien que depuis le mois de septembre que t'es supposée me le présenter.

VÉRONIQUE

Ah bien, si tu veux le rencontrer, là... *he's right there!*

Un peu plus loin, Jules, Chuck et Luc regardent une revue osée.

JULES

Tu n'changeras jamais; tu regardes encore des revues de même.

CHUCK

Ah, qu'elle a de belles... dents!

De leur côté, les filles continuent leur conversation sur les garçons.

VÉRONIQUE

Go for it!

CHRISTINE

Es-tu folle?

SUZANNE

Peureuse! Va lui demander pour emprunter son *walkman*.

CHRISTINE

S'il dit non!

VÉRONIQUE

S'il dit non, c'est non. *What's the big deal?*

CHRISTINE
Je n'sais pas comment faire...

SUZANNE
Sois naturelle.

VÉRONIQUE
Just be yourself. Now go!

CHRISTINE
Pensez-vous que je devrais?

SUZANNE ET VÉRONIQUE
Oui, oui! *Now go!*

Christine se dirige vers Luc, Jules et Chuck.

CHRISTINE
Allô, Jules.
Il ne l'entend pas à cause de son baladeur.
Jules!
Chuck la regarde.
C'est pas à toi que je voulais parler, c'est à lui.

LUC
En lui enlevant les écouteurs:
Jules!

JULES
Voyons don', épais, que c'est que tu veux?

LUC
Elle veut te parler là, elle...

JULES
Ah, salut!

CHRISTINE
Allô, Jules, est-ce que je pourrais emprunter ton *walkman*?

LUC ET CHUCK
Elle veut ton *walkman*. Va va va voom!

JULES
Mon *walkman*! Pourquoi?

CHRISTINE
Pourquoi quoi?

JULES
Pourquoi mon *walkman*?

CHRISTINE
J'avais juste le goût d'écouter ta musique, c'est tout.

JULES
Je n'pense vraiment pas que tu aimerais ma musique.

CHRISTINE
Oui, oui, j'aime toutes sortes de musique, Jules.

CHUCK
Tu sais, Jules, je pense qu'elle aime pas juste ta musique!

JULES
Veux-tu bien m'arrêter ça!

CHRISTINE
Pis tu me le passes, oui ou non?

JULES
Ben... euh... c'est que... Je n'sais vraiment pas...

LUC
Vas-y, voyons!

Luc lui enlève les écouteurs et les passe à Christine, qui écoute avec un sourire jusqu'à ce qu'elle comprenne les paroles.

CHRISTINE
Oh wow! French tunes!

Tous réagissent. D'un geste brusque, Jules lui enlève les écouteurs.

JULES
C'est pour... euh... pour... un projet de français. Faut que je m'en aille... Euh... j'pense que je vais être en retard.

Il quitte le groupe.

LUC
Que c'est qu'il lui prend, lui?

CHRISTINE
Ah, je me sens assez mal!

LUC
Fais-toé-z-en pas, il est pas mal *weird* celui-là.

CHRISTINE
Je te gage qu'il voudra plus jamais me parler.

LUC
T'as pas à t'inquiéter, on va aller pour un *coke and...*
Christine sort en courant.
Chris, voyons, attends-moi...

SUZANNE
Ouain... *I guess* ça n'paye pas ben ben d'être *game*.

VÉRONIQUE
Sure, ça paye, mais Chris sait vraiment pas comment
s'y prendre, c'est tout.

SUZANNE
Pis toi, tu le sais comment?

VÉRONIQUE
Yeah, watch this!

Scène 9

Véronique s'avance vers Chuck.

Véronique
Hé Chuck... c'est ta balle?

Chuck
Ouain...

Véronique
T'es pas mal bon, tu sais. J'ai *freaké* à la dernière game quand, à 15 minutes 55 secondes...

Chuck
L'interrompant:
57 secondes!

Véronique
...57 secondes, t'as poigné le ballon, t'as *flyé* jusqu'au *basket* pis *slam dunk,* la partie est gagnée! Pis là, tes chums t'ont mis sur leurs épaules, leur héros... *My hero! Wow!*

Chuck
T'as vu ça, hein?

VÉRONIQUE

Vu? Laisse faire, je l'ai vécu.

CHUCK

Ouain. Faut dire que j'étais pas mal *hot* ce soir-là.

VÉRONIQUE

T'es toujours *hot*, Chuck.

CHUCK

Hey, what's your name?

VÉRONIQUE

Véronique!

CHUCK

Véronique?

VÉRONIQUE

My friends call me Ronnie.

CHUCK

Tu sais, Ronnie, je t'avais vue dans les corridors. Je te trouvais pas mal *cute but... a little too French for me.*

VÉRONIQUE

You know how it is; je parle français juste pour les profs pis les *folks.*

CHUCK

Good, parce que moi j'aime pas les *French snobs.*

VÉRONIQUE

Aïe, j'ai-tu l'air snob?

CHUCK

Pantoute!

VÉRONIQUE

Hé... vas-tu au party des 13ᵉ vendredi?

CHUCK

Oui, je pensais y aller, mais je vais être un peu en retard, je travaille les vendredis.

VÉRONIQUE

Pourquoi est-ce qu'on n'y va pas ensemble? Je pourrais te rencontrer à l'ouvrage. Où tu travailles?

CHUCK

Heu... Jackie's Flower Shop.

Véronique éclate de rire.

Hey, I don't do flowers, I'm just a delivery boy...

VÉRONIQUE

I'm sorry. So, on va se rencontrer à 9h30? *It's a date.*

CHUCK

MERCY!

Scène 10

Scène du magasinage : cette scène peut devenir une course folle en stylisant les mouvements et en ajoutant une chorégraphie sur une musique entraînante. Il est important de faire ressortir la relation entre Margot et sa fille Véronique lorsque celle-ci lui demande de traduire jaune et rose.

Fille n° 1
Maman...

Fille n° 2
Il y a un party à soir !

Véronique
Pis j'ai rien à me mettre !

Les filles
VITE!!!

Elles courent au magasin, choisissent une robe et la montrent à leur mère.

Mères
Jamais !

MARGOT

Véronique, comment est-ce qu'on dit jaune en anglais.

VÉRONIQUE

Yellow.

Les filles choisissent une deuxième robe et la montrent à leur mère.

MÈRES

300 piastres? Trop cher!

MARGOT

Véronique, pis rose?

VÉRONIQUE

Pink, mom.

Les filles choisissent une troisième robe.

LES FILLES

Please!

MÈRES

Bon, d'accord.

MARGOT

Véronique, vite, faut qu'on arrête chez la fleuriste avant de rentrer!

VÉRONIQUE

Jackie's Flower Shop?

MARGOT
Non, je pensais aller à la Boutique du Moulin à fleurs.

VÉRONIQUE
Pourquoi pas chez Jackie's, c'est juste à côté.

MARGOT
Parce que !

VÉRONIQUE
Parce que quoi ?

MARGOT
Parce qu'à la Boutique, on me comprend quand je m'adresse en français.

VÉRONIQUE
Il est grandement temps que tu pratiques ton anglais.

MARGOT
Véronique !

VÉRONIQUE
Come on, tu vas voir, c'est facile !

MARGOT
Ça me tente vraiment pas.

VÉRONIQUE
Je sais que tu es capable, tu sais... *Please...* S'il vous plaît...

MARGOT

OK, d'abord.

VÉRONIQUE

All right!

Scène 11

La scène se passe chez Jackie's Flower Shop.

JACKIE
Charles, prends ça pis mets-le là, s'il vous plaît... Ça prend trop de place.

CHUCK
Sure thing boss!

Une cliente entre dans la boutique.

JACKIE
Est-ce que je peux vous aider, madame?

CLIENTE
You should speak in English to the clients... I'll complain to the owner... You are in Ontario, you know.

JACKIE
I'm terribly sorry!

CLIENTE
It's too late, I'll take my business elsewhere!

Elle se dirige vers la sortie. Jackie essaie de la retenir.

JACKIE
Oh, M'am!

> *La cliente quitte le magasin. Chuck se moque de la cliente.*

CHUCK
« *You are in Ontario you know, I'll take my business elsewhere...* »

> *À ce moment, Véronique et sa mère font leur entrée dans la boutique de fleurs.*

VÉRONIQUE
Hi Chuck!

CHUCK
Hi!

VÉRONIQUE
Are you all set for the party?

CHUCK
You bet!

> *Margot se dirige vers le comptoir.*

JACKIE
May I help you m'am?

MARGOT
Yes, I would want to have one dozen yellow pinks, please!

JACKIE
Excuse me?

MARGOT
One dozen yellow pinks.

JACKIE
Yellow pinks!!! Hey, she wants a dozen yellow pinks!

Tous éclatent de rire, sauf Véronique.

CHUCK
I think you better go help your mom.

VÉRONIQUE
Maman, que c'est que tu dis là?

MARGOT
C'est pourtant pas compliqué, j'veux une douzaine de roses jaunes. Que c'est qu'elle a à rire, elle?

VÉRONIQUE
Well, mom...

MARGOT
Franchement, je trouve pas ça drôle du tout! *Stop that you!*

VÉRONIQUE
Veux-tu bien arrêter, tu me gênes.
Elle se tourne vers Chuck.
I'm sorry, she has problems speaking...

MARGOT
T'as pas à t'excuser pour moi. Surtout pas à Charles Lachance, qui est aussi français que toi pis moi. Parlez-vous français?

JACKIE
Bien oui, moi je parle français.

MARGOT
Ben là, j'ai mon voyage!

JACKIE
Je pense que je vais aller chercher vos roses jaunes.

CHUCK
I think I'll come with you.

MARGOT
Vous pouvez laisser faire pour les roses!

VÉRONIQUE
Tu te sens-tu assez niaiseuse, astheure?

MARGOT
En voilà une façon de traiter sa mère.

VÉRONIQUE
Franchement, faire une scène de même en plein magasin, pour rien, devant des étrangers...

MARGOT
C'est bien moi qui savait que c'était une française!

VÉRONIQUE
Pis devant Chuck à part de ça.

MARGOT

J'ai toujours peur de m'adresser en français pis de me faire virer de bord.

VÉRONIQUE

Si t'apprenais l'anglais aussi, tu l'aurais pas ce problème-là, pis peut-être que tu me ferais moins honte.

MARGOT

Parce que t'as eu honte de ta mère ?

VÉRONIQUE

Oui, j'ai eu honte de toi.

Chuck est de retour.

CHUCK

Hey Ronnie... I'll pick you up at around...

MARGOT

Pis toi, tu sauras que son nom c'est pas Ronnie, OK ? C'est VÉ-RO-NI-QUE. On est du monde français nous autres, comme toi !

Véronique s'enfuit en criant à sa mère.

VÉRONIQUE

I hate you !

MARGOT

Véronique !

Scène 12

Monologue de Véronique.

I can't believe she just did that! Devant Chuck! Je n'ai jamais eu si honte de ma vie! Plus j'y pense, plus que j'y haïs la face. La vache! C'est bien de sa faute itou si elle ne sait pas parler un maudit mot d'anglais. Ça fait vingt ans qu'elle reste icitte, vingt ans! Pourtant, c'est pas tellement compliqué. Tout le monde parle anglais. Ça s'apprend tout seul. Il faut même pas faire d'effort! Comment c'est que je vais expliquer ça à Chuck? Que c'est qu'il va penser d'elle... pis de moi? Lui qui pensait qu'on était snob, il va ben voir astheure qu'on n'est pas snob. Non, on n'est pias snob pantoute, on est rien que colon! *Yes man, French pea soup!* Bien moi là, la soupe aux pois, les chemises carreautées, les gigues pis les chansons à répondre, c'est pas pour moi. Moi je veux vivre aujourd'hui, pis aujourd'hui c'est en anglais que ça se passe. J'ai fini de faire rire de moi à cause d'une langue que je n'ai pas choisie, qui m'a été imposée. Juste les *loosers* qui parlent français, parce que eux autres ils connaissent pas mieux pis ils ont toujours été habitués à rêver en petit. Mais moi, j'ai aucunement l'intention d'être une *looser*. Moi,

50

je rêve en grand, pis je rêve en couleur, pis je rêve en anglais. En tout cas, quand j'aurai des enfants, je leur ferai jamais honte comme ça. Ils auront pas à passer par là... parce que le français, ils l'apprendront même pas. Je n'les obligerai jamais à l'apprendre. *Nobody's gonna make me change my mind about that,* surtout pas elle!

SCÈNE 13

Scène du conflit Jules – Chuck, à la fin des classes, vendredi après-midi.

CHRISTINE
Hi, Sue. Que c'est que tu fais en fin de semaine ?

SUZANNE
Ah, je le sais pas.

CHRISTINE
Luc… Luc… toi, que c'est que tu fais en fin de semaine ?

LUC
Je le sais-tu moi ? Quoi, y'a-tu un party quelque part ?

CHRISTINE
Pas que je sache.

CHŒUR
Ça va être platte !

CHUCK
En tout cas, ça sera pas platte pour moi ; moi j'ai une *date* avec Véronique.

CHŒUR
Chanceux!

SUZANNE
Allô, Jules.

CHRISTINE
Allô, Jules.

CHUCK ET LUC
Se moquant:
Allô, Jules!

SUZANNE
Pis toi, Jules, que c'est que tu fais en fin de semaine?

JULES
Pas grand-chose.

LUC
Nous autres non plus.

JULES
Si ça vous tente, vous pouvez toujours venir chez moi regarder *Samedi de rire*.

CHUCK
Ah! On aimerait bien bien bien ça y aller... mais on n'peut pas! *We gotta... wash our hair.*

JULES
T'es bien drôle.

LUC
Voyons don', Jules, c'était juste une farce.

SUZANNE
Take a pill, why don't you?

CHRISTINE
Come on! It's his life. Laisse-le don' tranquille.
Écoute, Jules, on peux-tu se parler ?

JULES
Oui, oui...

CHRISTINE
J'ai quelque chose à te dire...

JULES
J'écoute !

Jules et Christine s'éloignent du groupe.

CHRISTINE
Tu sais, l'autre jour, je n'sais vraiment pas que c'est
qui m'a pris...

*Pendant ce temps, Luc et Chuck passent leurs
commentaires.*

LUC
Il est vraiment *weird* celui-là.

CHUCK
Tu penses que lui il est *weird, you should see his old
lady.*

SUZANNE
Que c'est que tu veux dire ?

LUC
L'as-tu déjà rencontrée?

CHUCK
Hey man, rien qu'une fois... Pour trente secondes...
de trop.

LUC
Envoye, raconte, *what happened?*

CHUCK
Écoute ça. Sa vieille rentre au magasin...

LUC
Jackie's

CHUCK
Ouain... Pis elle commande *one dozen yellow pinks.*

LUC
Yellow what?

CHUCK
Des *pinks*, des roses! Ah, qu'elle avait l'air épaisse!

Jules les entend et s'avance vers Chuck.

JULES
Hé Lachance, pis toi la grande carotte, vous faites
mieux de faire attention à ce que vous dites à propos
de ma mère.

CHUCK
And, what are you going to do about it... frog?

Réaction de Jules.

PROFESSEUR
Jules!

Scène 14

Après le conflit avec Chuck, on retrouve Jules à la maison. Il doit s'expliquer avec son père.

AURÈLE
Jules!

JULES
Quoi?

AURÈLE
Arrive icitte que je te parle, mon gars.
Le père tient une lettre dans ses mains.
Explique!

JULES
Que c'est que tu veux? Explique quoi?

AURÈLE
Ça.

JULES
Tu l'as lue? Bien, il n'y a rien à expliquer d'abord!

AURÈLE
Oui, je l'ai lue. Jules, tu t'es fait suspendre de l'école.

JULES
Pour deux semaines...

AURÈLE
Tu fais mieux de changer d'attitude, pis vite à part
de ça. J'attends.

JULES
T'attends quoi?

AURÈLE
Que tu me parles.

JULES
C'est nouveau, ça.

AURÈLE
Jules!... Explique-toi!

JULES
C'est pas grave, je me suis battu.

AURÈLE
Avec qui?

JULES
Avec Chuck Lachance!

AURÈLE
Avec le chum de ta sœur en plusse!

JULES
Il m'a écœuré!

AURÈLE

Ça fait que tu y as monté dans la face? En voilà une bonne façon!

JULES

Pis je recommencerais si c'était à refaire, OK?

AURÈLE

Voyons don', Jules, calme-toi. Veux-tu bien me dire que c'est qui s'est passé?

JULES

J'y haïs la face!

AURÈLE

Que c'est qu'il t'a fait? C'est pas comme toi de t'emporter de même. Il a dû faire quelque chose. Il a dû dire quelque chose.

JULES

Ah, laisse tomber!

Jules tente de s'éloigner.

AURÈLE

Minute là. J'ai pas fini, moi. Viens t'asseoir, pis explique-toi.

Jules tente de s'éloigner encore une fois.

Je t'ai dit de t'asseoir. Que c'est que tu attends? Astheure parle!

Aurèle se calme et reprend plus doucement.

C'est-tu à cause de Véronique? C'est ça, hein? Vas-y, Jules, tu peux me le dire.

JULES

C'est pas Véronique.

AURÈLE

C'est qui d'abord! C'est quoi?

JULES

C'est maman!!

AURÈLE

Ta mère? Que c'est que ta mère a à faire là-dedans?

JULES

Tu sais, l'incident des fleurs.

AURÈLE

En voilà une raison pour se battre.

JULES

Ils ont ri d'elle parce qu'elle savait pas parler anglais.

AURÈLE

Il faut que tu admettes que c'était pas mal drôle.
Même les gars à la mine l'ont bien ri, celle-là.

JULES

Tu trouves ça drôle toi, qu'on rie d'elle... Tu trouves
ça drôle qu'on rie d'elle parce qu'elle sait pas parler
anglais? Bien, pas moi, parce que quand ils rient
d'elle, ils rient de moi, ils rient de toutes nous autres.
Moi là, j'ai fini d'avoir honte parce que je suis
différent. J'ai fini de me cacher parce que j'écoute
des maudites cassettes françaises, pis j'ai fini d'essayer

d'être comme les autres, comme toi, moitié anglais, moitié français sans jamais être bien dans ma peau. Pis tu sais, maman là, je la comprends astheure. Parce que c'est plus seulement une question d'être au Québec ou en Ontario. C'est une question d'être, un point, c'est tout. Pis quand t'auras compris ça, tu n'trouveras plus ça drôle pantoute.

Il sort.

Scène 15

Jules et Véronique sont adultes. Véronique, enceinte, écoute le « Au clair de la lune » d'une boîte musicale. Elle désire que Jules devienne le parrain de son enfant. Jules vient la rejoindre.

JULES

T'en rappelles-tu quand maman nous chantait ça quand on était plus jeunes?

VÉRONIQUE

So, what's your answer?

JULES

Que c'est que tu veux que je te dise?

VÉRONIQUE

I want you to give me an answer.

JULES

On est juste nous deux icitte! C'est correct, tu peux me parler en français!

VÉRONIQUE

You're still stuck on that, aren't you?

JULES

Ah écoute, t'es aussi toquée que moi. Tu parles même pas en français à maman, même si à chaque fois tu sais que ça lui fait mal!

VÉRONIQUE

That's none of your business, Jules!

JULES

Hé, hé, si tu n'veux pas que je me mêle de tes affaires, pourquoi tu me demandes ça, d'abord?

VÉRONIQUE

Listen, if you don't want to be godfather, just say so!

JULES

Je n'comprends pas pourquoi tu tiens tant à ce que ce soit moi le parrain!

VÉRONIQUE

Because you're my only brother, damn it... And I care about you!

JULES

Moi aussi je t'aime, tu sais. T'es ma sœur, pis la seule que j'ai... Mais comprends don' que je n'veux pas te faire de peine, c'est juste que je n'me vois vraiment pas le parrain de ton enfant, surtout quand on fait des choix qui nous mènent dans des directions opposées.

VÉRONIQUE

Must it always be a question of French or English?

JULES

Ce n'est pas seulement une question de langue, c'est une question de principes. Ceux qui me font agir, qui font que je suis moi pis les mêmes qui me font te dire non.

VÉRONIQUE

Don't you see, it's so much easier my way: one language, one culture, no fights, no discussions, no hassles!

JULES

Pas de chicanes... Mais à quel prix, Véronique?

VÉRONIQUE

Please spare me the sermon.

JULES

Hé! Ce n'est pas un sermon que je te fais là. C'est qu'on a tous les deux fait nos choix... pis il reste à vivre avec astheure.

Scène 16

Huit ans plus tard : Jules parle à sa nièce après les funérailles de Margot.

JULES
Stacey.

STACEY
Over here.

JULES
Ta mère te cherche. Elle veut partir bientôt.

STACEY
You know, Uncle Jules, it'll never be the same.

JULES
Quoi ça ?

STACEY
Sudbury.

JULES
Que c'est que tu veux dire ?

STACEY

Well, mémère, she won't be there anymore. I'll miss her.

JULES

Ma petite fille, t'es pas la seule, moi aussi je vais m'ennuyer.

STACEY

You sound just like mémère.

JULES

C'est parce que je parle français comme elle. C'est elle qui m'a montré à le parler.

STACEY

Me too, just a bit though because my mom said I didn't need to, but thanks to mémère I understand. She only talked French to me.

JULES

C'était important pour mémère, ça.

STACEY

Why didn't she show my mommy?

JULES

Elle lui a montré à parler le français à ta mère.

STACEY

Then why doesn't she speak it to me then?

JULES

Ça, ma petite fille, c'est un choix qu'elle a fait. Si tu veux savoir pourquoi, bien va falloir que tu lui demandes.

VÉRONIQUE
En entrant :

Stacey !

Scène 17

Stacey a maintenant 10 ans. Elle raconte, sous forme de chanson «Mommy, Daddy[4]», le tourment et le regret qui l'habitent.

STACEY
Mommy, mommy
I love you dearly
Please tell me how in French
My friends used to call me
Paule, Lise, Pierre, Jacques ou Louise
Groulx, Papineau, Gauthier, Fortin, Robichaud,
Charbonneau
Mommy, mommy
What happened to my name?
Oh! mommy, mommy
How come it's not the same?
Oh! Mommy, tell me why

JULES
Trop tard, ben trop tard

---

[4] «Mommy, Daddy» © Disques Marco Inc. Paroles, Marc Gélinas, Gilles Richer; musique, Marc Gélinas; 1971. La chanson a été adaptée pour la pièce et contient des modifications mineures.

STACEY

Mommy, mommy
I love you dearly
Please tell me where
We used to live in this country?

CHŒUR

Trois-Rivières, Saint-Paul, Grand-Mère,
Saint-Marc, Berthier, Gaspé, Dolbeau, Tadoussac,
Gatineau
Mommy, mommy
How come it's not the same?
Oh! mommy, mommy
There's so much in a name
Oh! Mommy, tell me why

STACEY

It's too late, too late, much too late
Mommy, mommy
I love you dearly
Please do the song
You sang when I was a baby
Fais dodo, Colas mon p'tit frère
Fais dodo, mon p'tit frère tu auras du lolo
Mommy, mommy
I remember the song
Oh! mommy, mommy
Something seems to be wrong
Oh! mommy, tell me why
It's too late, too late, much too late
Mommy, mommy
I love you dearly

Please tell me once again
That beautiful story
Un jour, ils partirent de France
Bâtir ici quelques villages, une ville, un pays
Mommy, mommy
How come we lost the game
Oh! mommy, mommy
Are you the one to blame?
Oh mommy, tell me why
It's too late, too late, much too late?

JULES
À Véronique:
Il est trop tard, bien trop tard!

FIN

Achevé d'imprimer
en décembre deux mille huit sur les presses
de l'imprimerie Gauvin, Gatineau (Québec).

Sources Mixtes
Groupe de produits issu de forêts bien
gérées et de bois ou fibres recyclés.
www.fsc.org Cert no. SGS-COC-2624
© 1996 Forest Stewardship Council

FSC